Germantown
279 Einwohner
1 Kirche
1 Bank
1 Fachgeschäft für Ballsportartikel

SALOON
SIND WIR DA, CHEF?
DANKE, CHEF, DASS DU MICH MITGENOMMEN HAST. ABER DER ARZT HAT MIR DAS REITEN HALT VERBOTEN...
...WEGEN DER BANDSCHEIBEN.
HIER, BÜRGERMEISTER! ICH HABE VERSAGT! DIE KROATEN-BANDE IST MIR ENTWISCHT!!
?!!
SCHNING!
DFB
ÄH...JA. HIER, BITTE.
ABER WAS WOLLT IHR DENN JETZT MACHEN?
SCHLUCK
ALSO, ICH HAB' GEHÖRT, DA GIBT ES EINEN JOB IN MONKSMOOTHBROOK.* TJA, UND WAS ER MACHT...
ICH GLAUB', ER BEKOMMT 'NE NEBENROLLE BEI DER NEUVERFILMUNG VON "EIN SCHATZ AM SILBERSEE"...
ODER SO...
*AUS DEM ENGLISCHEN: MONK = MÖNCH SMOOTH = GLATT BROOK = BACH

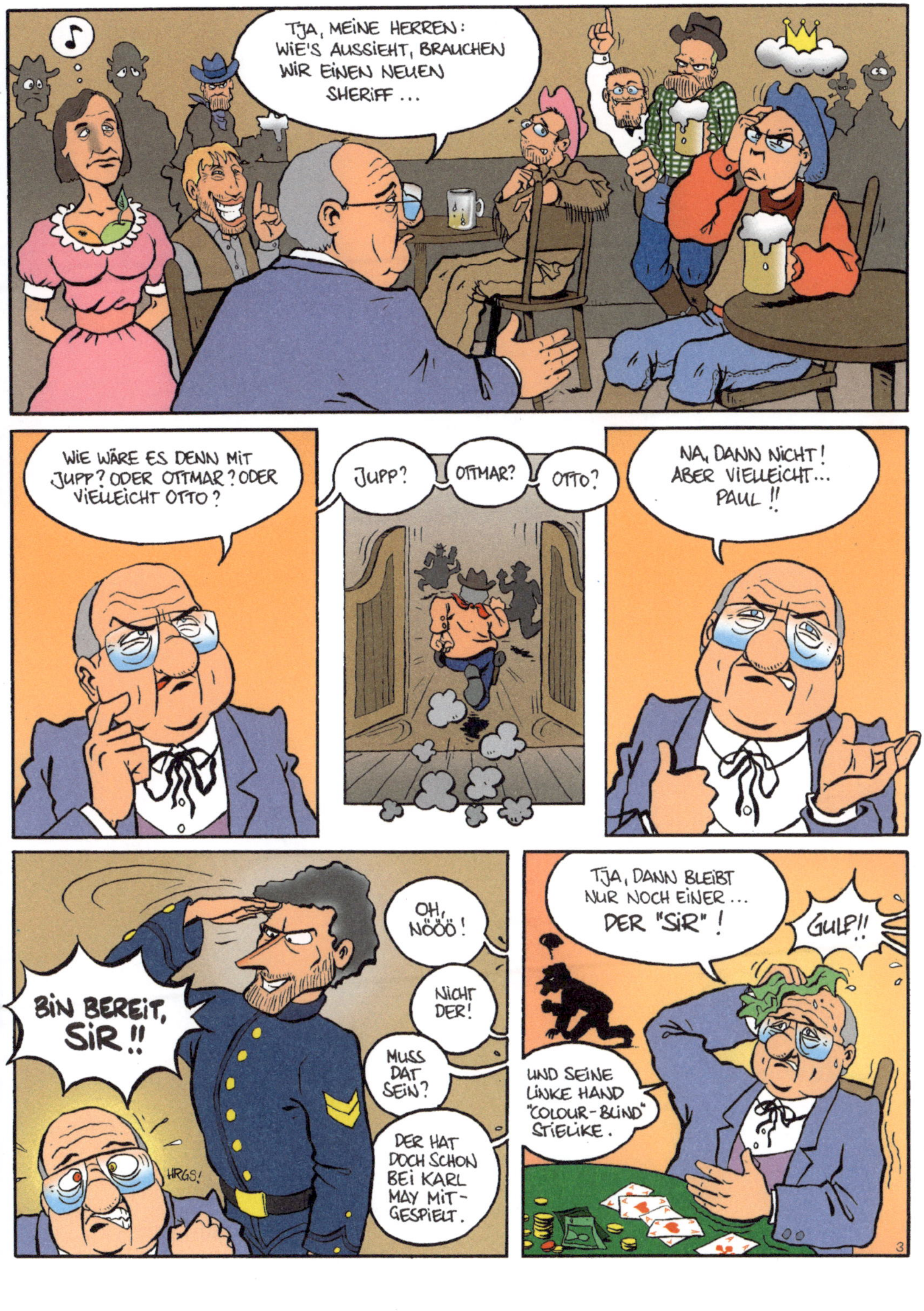
TJA, MEINE HERREN: WIE'S AUSSIEHT, BRAUCHEN WIR EINEN NEUEN SHERIFF ...
WIE WÄRE ES DENN MIT JUPP? ODER OTTMAR? ODER VIELLEICHT OTTO?
JUPP?
OTTMAR?
OTTO?
NA, DANN NICHT! ABER VIELLEICHT... PAUL!!
BIN BEREIT, SIR!!
HRGS!
OH, NÖÖÖ!
NICHT DER!
MUSS DAT SEIN?
DER HAT DOCH SCHON BEI KARL MAY MITGESPIELT.
TJA, DANN BLEIBT NUR NOCH EINER ... DER "SIR"!
GULP!!
UND SEINE LINKE HAND "COLOUR-BLIND" STIELIKE.

ORIGINALAUSGABE
VERÖFFENTLICHT IM
ROWOHLT TASCHENBUCH VERLAG GMBH,
REINBEK BEI HAMBURG, AUGUST 1999

UMSCHLAGGESTALTUNG VOLKER SPONHOLZ

GESAMTHERSTELLUNG:
CLAUSEN & BOSSE, LECK
PRINTED IN GERMANY
ISBN 3 499 22627 8

SIR ERICHS BUNDESLIGA-REPORT '99

ROWOHLT rororo

TEXT: LUTZ MATHESDORF
ZEICHNUNGEN: VOLKER SPONHOLZ
FARBEN: DAN DABEY STUDIOS

DANK AN CLAUDIA, KAROLA UND ANDREA
UND AN BERTI VOGTS
FÜR WUNDERSCHÖNE JAHRE

SIE, HERR BRAUN?
WAS??
BERTI ZURÜCK-GETRETEN?
ICH?
ÄÄÄHH... NEIN!
WIE BITTE? GUTES GEHALT, AHA... AUTO VOR DER TÜR, SOSO... SPONSOREN-VERTRÄGE... ALSO, WISSEN SIE, HERR BRAUN: NEIN!!
GLATT-STREICH!
FREIER EINTRITT BEI BUNDESLIGA-SPIELEN... SEKT-EMPFÄNGE... PRESSE-KONFERENZEN...
SIE MACHEN'S MIR SCHWER, HERR BRAUN, ABER TROTZDEM: NEIN!!!
WAS SAGEN SIE? EINKAUFSGUTSCHEINE FÜR ANZÜGE??
ÄÄÄHH... DAS WILL GEWISSENHAFT ÜBERLEGT SEIN, HERR BRAUN.
GEBEN SIE MIR ETWAS ZEIT!
EINSZWEIDREIVIERFÜNF...
?
ALSO GUT!
ICH MACH'S!!

UND SO KOMMT ES WENIGE TAGE SPÄTER ZUR OFFIZIELLEN VORSTELLUNG DES RETTERS DES FUSSBALLS DEUTSCHER NATION UND SEINES ASSISTENTEN "COLOUR-BLIND" STIELIKE.
DFB
mdr
C&A
HALLO ULI! EINEN EXTRAVAGANTEN ANZUG HAST DU DA AN.
LASS' MICH RATEN...
EIN... 80ER SARASANI, GROBRIPP, VON "PAPPNASE", FACHMARKT FÜR FASCHINGS-ARTIKEL IN HAMBURG...
UND? ICH HAB' RECHT, ODER??
WARTE MAL...
EINS, ZWEI, DREI...
...VIERZEHN, FÜNFZEHN...
GUT! EINEN KANN ICH VERSCHMERZEN. HIER, TU MIR UND ALLEN FARBFERNSEHZUSCHAUERN DEN GEFALLEN UND SCHAU DICH DORT MAL UM...
OJE
BLITZ!
KLACK!
FLASH!
KLICK!
ZUPP!

AUGENBLICK !! KAM AN DIESER STELLE BEI DEN ANDEREN BÜCHERN* NICHT IMMER DIE VORSTELLUNG DER SPIELER ?
UND DES TRAINERS ??
* SIEHE BERTIS BUBEN BAND 1 + 2
WELCHE SPIELER ?
DAZU MÜSSTEN WIR ERSTMAL SPIELER HABEN ...
ACH WAS ...
DANN KÖNNTE HIER JA EIN PORTRÄT NUR VON MIR HÄNGEN ...
ABER DU HAST RECHT !
ICH SAG IMMER, WAS NÜTZT DAS "SPIEL OHNE BALL", WENN DER BALL OHNE SPIELER IST.
KLICK !
8
LASS UNS DOCH MAL SCHAU'N, WEN BERTI ZUR WM MITHATTE ...
ZOING !

HIER! JÜRGEN KOHLER!
DER IST DOCH MAL "FUSSBALLER DES JAHRES" GEWORDEN!
DAS HÖRT SICH GUT AN!
?!
ODER WAR DAS "TORSCHÜTZEN-KÖNIG"?
NEE...ABER DER FING AUCH MIT "K" AN.....
ODER "BESTGE-KLEIDETER SPORTLER DES JAHRES"?
AUF JEDEN FALL IST DAS 'N GUTER!!
KNURR!
Club of Millionaires
Diner today: J-Bone without Steak
ACH, HERR KOHLER, ICH WOLLTE MIT IHNEN ÜBER DIE NATIONAL-MANNSCHAFT SPRECHEN...
KNURR?
Diner tomorrow: Roasted Dagobert
SPIEL ICH NICHT MEHR! RAAUS!!
FERSENGELD
SCH-SCHEINT 'N HA-HA-HARTER H-HUND ZU S-SEIN, DIESER K-K-KOHLER...
W-WER IST DER N-NÄCHSTE?
KLAPP!
'FFNBRG!

TJA, ALSO, IN DER NATIONALMANNSCHAFT MÖCHTE ICH…
…NICHT MEHR SPIELEN!
Golf-Yard
WELCHES HANDICAP?
SEINE FRAU…
WER IST DER NÄCHSTE AUF DER LISTE?
MÖLLER. ANDI MÖLLER!
GUT! JETZT SCHLAGEN WIR ZURÜCK!!
DEM SAGEN WIR JETZT AB, BEVOR ER ES MACHEN KANN!
DOP! DOP! DOP!

HALLO ANDI ! ICH MACH GERADE DIE PLANUNG FÜR'S NEUE NATIONALTEAM UND WOLLTE DIR SAGEN, DASS DU NICHT...
?
SIE HABEN MICH ÜBERREDET, SIR ERICH, ICH BIN DABEI !!
REICHT, ANDI, DER POOL IST VOLL!
MÖLLER SAGT, ER IST DABEI !
ACH HERRJE, DIESES WINDEI !
UÄÄHHH! WAS HAT ER GESAGT ??
HRGS!
ABER ANDI, ER MEINT DOCH NUR, DASS DU SO VIEL WIND HINTER DEM EI MACHEN KANNST...
ACH SO...
WRGSRFKT

CLUB of MILLIONAIRES
SO! UND NUN DAS WICHTIGSTE:
WELCHEN ANZUG TRAGE ICH ZUM ERSTEN LÄNDER-SPIEL?
DEN GRAU-MELIERTEN ZWEI-REIHER VON ARMANI?
ABER... ABER SIR ERICH! WIR HABEN NOCH NICHT MAL GENUG SPIELER!
WIR MÜSSEN NOCH WELCHE BEOBACHTEN!
AH, SPIELERBEOBACHTUNG! DAFÜR HAB' ICH DEN BEIGEN ANZUG VON HUGO BOSS. DER HEBT MEINEN BRAUNEN TEINT HERVOR UND WECKT VERTRAUEN.
UND ICH WEISS AUCH SCHON, WO WIR DAMIT ANFANGEN!! ALS ERSTES GEH'N WIR ZU...
CLUB of MILLIONAIRES
SNIEF!
12

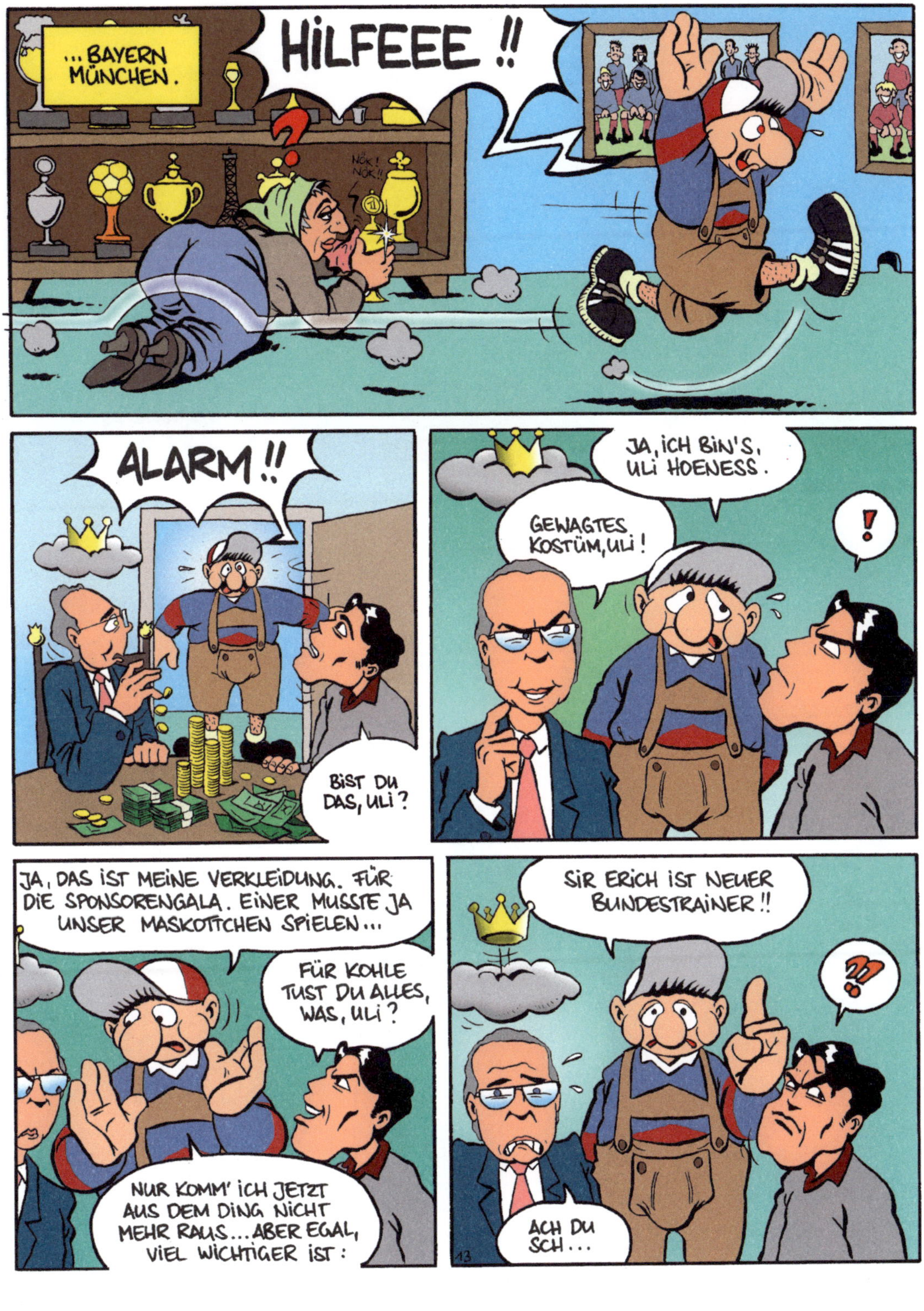
... BAYERN MÜNCHEN.
HiLFEEE !!
?
NÖK! NÖK!!
ALARM !!
BIST DU DAS, ULi ?
JA, ICH BiN'S, ULi HOENESS.
GEWAGTES KOSTÜM, ULi !
!
JA, DAS iST MEiNE VERKLEiDUNG. FÜR DIE SPONSORENGALA. EiNER MUSSTE JA UNSER MASKOTTCHEN SPIELEN...
FÜR KOHLE TUST DU ALLES, WAS, ULi ?
NUR KOMM' iCH JETZT AUS DEM DiNG NiCHT MEHR RAUS... ABER EGAL, VIEL WiCHTiGER iST :
SIR ERiCH iST NEUER BUNDESTRAINER !!
?!
ACH DU SCH...

IHR WISST, WAS DAS HEISST ?!
JA, ULI!
NEIN, ULI!
WENN DER ERFOLGREICH DIE NATIONALELF TRAINIERT, WIRD ER IRGENDWANN ANSPRÜCHE AUF DEN TRAINERPOSTEN BEIM FC BAYERN ANMELDEN...
OHJEMINE, DAS HATTEN WIR DOCH SCHON MAL...
ÄH... KLAR!
WIR MÜSSEN DAS VERHINDERN!

MICH HINDERT NIEMAND DARAN…
…MIT DIESEM WEINROTEN LAGERFELD-SCHLIPS ZU MEINER ERSTEN SPIELERBEOBACHTUNG FC BAYERN GEGEN DEN HSV ZU GEHEN !!
ABER… ABER DER DFB-GUTSCHEIN GILT NUR FÜR SONDERANGEBOTE.
SLIP "BOB" II. Hand DM 6,99
LECKER LABS-KAUS!
SCHNUPPER-PREISE!
C&A Creation Associale
MIR EGAL !!

SIEHST DU, ULI, SO EINFÜHLSAM MUSST DU MIT DEN MENSCHEN UMGEHEN, DANN HAST DU AUCH ERFOLG!
VIP-KARTEN FÜR DEN TEAMCHEF UND SEINEN BUNDESTRAINER.
HSV
DA MÜSSEN SIE BIS KURZ VOR SPIELBEGINN WARTEN. WENN DANN NOCH PLÄTZE FREI SIND, KÖNNEN SIE REIN.
KÖNNT' JA JEDER KOMMEN.
NUN, ULI, ZEIG, WAS DU GELERNT HAST!
EY, ALDÄ, GEHT DAT BALD WEIDÄ?
HSV
WAAS??
SCHON NICHT SCHLECHT, ULI. AN DER ARTIKULATION ARBEITEN WIR ABER NOCH...

ACH, ULI, ES IST WIE NACH HAUSE KOMMEN ...
... UND DANN SANG SIE: "ZIEHT DEN BAYERN DIE LEDERHOSEN AUS."...
GEIL!! UND WAS DANN?
... NA JA, DANN HAB' ICH DIE LEDERHOSEN AUSGEZOGEN!
OOOOH, MARKUS, UND WAS DANN?
DANN HAT SIE GESUNGEN: "ZIEHT DEN BAYERN DIE LEDERHOSEN BLOSS SCHNELL WIEDER AN..."
UUUUUUU...

!
...UUUUUU UUUNZ!
SAG' MAL, CARSTEN, MACHT ES DIR KEINE PROBLEME, DASS DICH KEIN MENSCH MAG?
?
WIESO? DIE LIEBEN MICH DOCH ALLE!
HÖR DOCH NUR, WIE SIE SCHREIEN:
"CARSTEN JANCKER, STEH' ICH DRAUF!"
TATSÄCHLICH, SIE SCHREIEN! ABER DAS KLINGT EHER NACH ...
CARSTEN JANCKER GEH' NACH HAUS!
OLLIE FÜR ERICH
DABEY STUDIOS
PIEDIBIDI
Wieselflink

HAST DU DAS GEHÖRT?
JO! "GEH NACH HAUS".
NEIN! "WIE ZU HAUS!" DER RIBBECK BEKOMMT SCHON HEIMATLICHE GEFÜHLE HIER.
WIR MÜSSEN WAS TUN!
FC BAYERN MÜNCHEN
?
OTTMAR!
DU BIST HIER TRAINER!
LASS DIR WAS EINFALLEN, SONST IST SIR ERICH HIER BALD AM RUDER!
KEUCH! KEUCH! KEUCH!
GAAANZ RUHIG, JUNGS! ICH HAB' SCHON EINE IDEE:
DAS ZAUBERWORT HEISST ROTATION!
19
IMMER, WENN EINER FÜR DIE NATIONALMANNSCHAFT NOMINIERT WIRD, SETZEN WIR IHN AUF DIE BANK!!
GENIAL, OTTMAR!

SO, KNAPPE ULI, WEN NOMINIEREN WIR DENN NUN?
HM, AUGENBLICK, SIR ERICH ... WIE WÄR'S MIT JENS JEREMIES?
GUT!
MEINE DAMEN UND HERREN, SOEBEN HAT SICH NOCH EINE KURZFRISTIGE ÄNDERUNG IN DER ANFANGSAUFSTELLUNG DER BAYERN ERGEBEN: FÜR JEREMIES SPIELT THOMAS LINKE.
!
OH, SCHADE!
KÖNNEN WIR DANN NICHT DIESEN LINKE NOMINIEREN?
NATÜRLICH, SIR ERICH!
MEINE DAMEN UND HERREN, NOCH EINE KURZFRISTIGE ÄNDERUNG: FÜR THOMAS LINKE SPIELT JETZT THOMAS HELMER!
!!
DANN NEHM' ICH THOMAS HELMER ...
FÜR HELMER KOMMT LIZARAZU.
KRITZEL!
STREICH!
DANN NEHM' ICH DEN!
GEHT NICHT! LIZARAZU IST FRANZOSE!!
KRITZ-? STREICH!
20

DAS IST MIR EGAL! ICH NEHM' SIE ALLE!!
JANCKER NEHM' ICH AUCH!
UND ZICKLER!
UND BABBEL!
UND TARNAT!
UND KAHN!
UND STRUNZ!!
UND ... UND MATTHÄUS!!!
MATTHÄUS ... STRUNZ ... KAHN ... TARNAT ... BABBEL ... ZICKLER ...
¿Räusper!¿
WAS IST?
DRUCKS ...
NA, DU HAST DOCH WAS. RAUS MIT DER SPRACHE!
VIELLEICHT DOCH ... ALI DAEI FÜR JANCKER?
WAAS?!
21

DIE WOLLEN UNS HIER VERARSCHEN, ULI! WIR HABEN BALD UNSER ERSTES EM-QUALIFIKATIONSSPIEL GEGEN… -ÄH, … GEGEN ??
… DIE TÜRKEI, SIR ERICH!
JA, RICHTIG: GEGEN DIESE BRANDGEFÄHRLICHEN, WIESELFLINKEN, QUIRLIGEN MÄNNER VOM BOSPORUS. UND DANN SOWAS !!
DAS WAR JA NOCH NICHT MAL RICHTIGER SCHAMPUS…
NICHT?
ÖRGS!
DAS WAR … DAS … DAS SAG' ICH JETZT LIEBER NICHT… ABER WAS ECHT EKLIGES!
UÄRKS, DA KRIEG' ICH SODBRENNEN VON.
LASS UNS NACH LEVERKUSEN, ULI!
ICH KENN' DA JEMAND, DER HAT BESTIMMT EIN MITTEL DAGEGEN.
BEI BAYER?!
22

SO, HIER, SIR ERICH!
DANKE!
?!
KANNST DU MIR 'NE QUITTUNG GEBEN, MEHMET?
WAS ICH SOLLEN SCHREIBEN? ZWEI DÖNER MIT EXTRA-SCHARFE SOSZE, ROT UND SPEZIALSOSZE, WEISS? SIR ERICH?
SCHREIB' EINFACH: GEGNERSTUDIENGEBÜHR!
ICH FRAG' MICH IMMER WIEDER, WOHER MEHMET DIESE FANTASTISCHEN ZUTATEN BEKOMMT...
SU
DÖNER!
INH.: MEHMET MUTLU
HAPS!
SCHLUCK!
23

NA TOLL! DA KOMMT DER NEUE BUNDESTRAINER UND ICH BIN NICHT RASIERT!
WO IST NUR MEIN RASIERER?
CARSTEN ?! WAS ISST DU DA SO KURZ VOR DEM SPIEL ??
MEHMETS DÖNER!
SOLL DAS LIEBLINGS-ESSEN VON SIR ERICH GEWESEN SEIN, ALS ER NOCH HIER TRAINIERTE.
UND ER IST DOCH HEUTE HIER!
FÜR DIE NATIONALMANN-SCHAFT WÜRDEST DU ALLES TUN, WAS?
NICHT NUR ICH...
HÖR MAL, ULF, WAS ICH PAOLO BEIGEBRACHT HABE, DAMIT ER SICH BEI SIR ERICH BEWERBEN KANN!
HALLO BUNDES-TRAINER! ICH SEIEN DEUTSCHER...
?
...UND DU SEIEN ARSCHLOCH!

ICH GLAUBE, SO KOMMT PAOLO NIE IN DIE NATIONALELF !
!
GEGEN WEN SPIELEN WIR ÜBERHAUPT HEUTE ??
SCHMIRGEL
SSSSSSSSS
GEGEN U-HUNS...
SPIELBERICHT
TEUFEL AUCH !!
?!
SSS?
DER REHHAGEL VERSTEHT WAS VON PSYCHOLOGISCHER KRIEGSFÜHRUNG ...
OH JA! UND WIR KÖNNEN DEM NUR REINER CALMUND ENTGEGENSETZEN...

TSCHULDIGE, RUDI, IST HIER NOCH FREI ?
NEE, DA SITZT REINER CALMUND.
HALT ! DA NICHT HINSETZEN !!
DA SITZT AUCH REINER CALMUND !
ES GIBT NUR EINE TANTE KÄTHE !
REINER CALMUND !!
LASS MICH RATEN: AUCH REINER CALMUND !
NEE ! DER IST FREI.

!!
DUPF!
AUGENBLICK ... DAS IST EIN 95'ER JACK WOLFSEE-ANZUG VOM ZELTVERLEIH FROHGEMUT AUS CLAUSTHAL-ZELLERFELD ... HAB ICH RECHT ??
DEN RAMELOW, DEN KÖNNTE MAN VIELLEICHT NOCH NOMINIEREN...
RAMELOW? NIE GEHÖRT! WELCHER IST DENN DAS?
?
DER MIT DEM DÖNER IN DER HAND!
HEY!! EIN ECHTER MEHMET-DÖNER! DAS IS' EINER, DER GIBT ALLES FÜR DIE NATIONALMANNSCHAFT !!
?
GRAB
SCH
NOTIERE: RAMELOW. DANN HÄTTEN WIR...
EINE HÄLFTE BAYERN-SPIELER,
UND DIE ANDERE HÄLFTE LEVERKUSENER.
!
DANN NEHMEN WIR NOCH EINEN SPIELER VON HANSA ROSTOCK. WEGEN DER OSSI-QUOTE.
ODER NEIN, BESSER NOCH: ZWEI !!

WENIG SPÄTER IN BURSA (TÜRKEI):
SCHICKER ANZUG, CARSTEN!
ICH SCHAUEN IMMER "RAN"! DU "TORWART DES JAHRES"! MURAT MACHEN BILLIGER FÜR TORWART DES JAHRES!!
1001 SCHLAFLOSE
VEB Hansa
Nº1
ULI, WER IST DAS DENN HIER?
OLIVER NEUVILLE, VON WEGEN DER OSTQUOTE!
NEUVILLE? KLINGT NICHT SEHR OSTDEUTSCH...
PUF!
NEW BEETLE?
28

SAG DOCH MAL WAS, NEUVILLE!
ISCH 'ABE DEUTSCHE GROSSMAMAN...
DAS IST EINDEUTIG SÄCHSISCH! GUT GEMACHT, KNAPPE ULI!
DAS GUTER TEPPICH!! DA HABEN SIE GUTE WAHL GETROFFEN, HERR KÖPKE!
TEPPICHE
€
HEY, OLLI! HAST DU 'NEN MAGISCHEN TEPPICH GEKAUFT?!
... MAGISCH??
JA, KLAR! DIESE ORIENTALISCHEN TEPPICHE KÖNNEN FLIEGEN! EIN PAAR FRANSEN IN DEIN TRIKOT, DANN KANNST DU AUCH MORGEN FLIEGEN...
!
29

Kahn als Überflieger

Blamables 0:1 gegen Türkei - Sir Erich: "Es liegt noch viel Arbeit vor Uli!"

Bursa (ms) - Kahn flog aus dem Tor, Ball flog vorbei, Kahn flog zurück zum Tor, Ball flog gegen Pfosten, Kahn zum Ball, Ball flog zu Kahn, Kahn flog ins Tor, Ball flog ins Tor - 0:1 verloren!
Das Bemerkenswerteste an dem verdient verlorenen EM-Qualifikationsspiel gegen die ebenfalls nicht überzeugenden Türken war die Spielanalyse des neuen Teamchefs Sir Erich, der von einer unglücklichen Niederlage sprach: "Der Fleischanteil in den hiesigen Dönern ist viel höher als zu Hause. Diese Umstellung mußten meine Spieler erstmal verkraften." Ansonsten sei er zufrieden mit dem Auftreten der deutschen Mannschaft: Keiner habe das Hemd aus der Hose hängen lassen oder die Stutzen runtergerollt. Bundestrainer Uli Stielike ging da schon härter ins Gericht mit seinen Spielern: "Wenn man 0:1 zurückliegt, muß man schon mal die Ärmel hochkrempeln." Eine Bemerkung, die Sir Erich entsetzt zusammenzucken ließ.
Taktisch hatte der Teamchef auf die geplante Auflösung des Liberos verzichtet, nachdem Leverkusens Manager Reiner Calmund die Sorge geäußert hatte, dann eine geringere Ablösesumme für den betroffenen Jens Nowotny zu erhalten. Calmund: "Leider gibt es noch keine Regelung für Auflösesummen."
Im deutschen Angriff zeigten "Bieri" Bierhoff und Ulf "Berserker" Kirsten einmal mehr, wie man sich sogar hinter körperlich unterlegenen Gegenspielern nahezu unsichtbar machen kann. Dazu fiel dann selbst Sir Erich nichts mehr ein.

Oliver Kahns Flugeinlagen brachten ihm Anerkennung von höchster Stelle: Michael "Air" Jordan machte ihm spontan ein Angebot für eine gemeinsame Flugshow. Foto: NASA

DAMIT VERUNGLIMPFST DU UNSEREN GESAMTEN BERUFSSTAND !!
Satzanfang: "Ja gut, ich meine..."
WIE SOLLTE ES RICHTIG HEISSEN, SCHÜLER MATTHÄUS?
THOMAS HELMERS RHETORIK-SEMINAR FÜR FUSSBALLER
Antwort auf gute Fragen: "Da müssen Sie den Trainer fragen."
?
ÄH... HEUTE WAR EINFACH NICHT MEHR DRIN. WENN WIR WÜSSTEN, WORAN ES GELEGEN HAT, WÜRDEN WIR ES ABSTELLEN.
SEHR GUT, LOTHAR!
UND ?!
BESONDERS SCHLAU IST DER AUSSPRUCH: "DIE ANDEREN KÖNNEN AUCH FUSSBALL SPIELEN!"...
lüschtig, gell?
WAS IM UMKEHRSCHLUSS BEDEUTET, DU KÖNNTEST FUSSBALL SPIELEN.
SO, UND JETZT ALLE:
DAS WAR EINE VERKETTUNG UNGLÜCKLICHER UMSTÄNDE!
POP!

KANTINE DFB
ALSO IRGENDWIE, ULI, WAR DAS DOCH EINE ... WIE SAGT MAN? ... ZUSAMMENBALLUNG VON PECH, DIESES 0:1 GEGEN DIE TÜRKEI.
ICH VERSTEH' DAS NICHT! IN DIESEM TESTSPIEL, EIN PAAR TAGE SPÄTER, GING DAS DOCH. DA HABEN WIR DOCH 3:1 GEWONNEN, GEGEN DIESES ... ÄH ...
MOLDAWIEN, SIR ERICH!
UND ES WAR KEIN TESTSPIEL, SONDERN UNSER ZWEITES EM-QUALIFIKATIONS-SPIEL.
ACH SIEHSTE, SOGAR EIN QUALIFIKATIONSSPIEL! FEIN, DANN SIND WIR JA BALD DURCH.
UND WAS STEHT ALS NÄCHSTES AUF DEM PROGRAMM, KNAPPE ULI?
EIN FREUNDSCHAFTS-SPIEL GEGEN HOLLAND.
AUA! DU KASKOPP!!

HOUSTON, WIR HABEN EIN PROBLEM!
HOLLAND, HOLLAND... ALSO ICH WEISS NICHT, ULI...
ICH HAB DA KEIN SO GUTES GEFÜHL!
SOLLTEN WIR DA NICHT LIEBER DEN HIER DARÜBERLEGEN?
?
ZU HILFE!
WAS IST DAS DENN??
DAS IST DER "MANTEL DES SCHWEIGENS". VON JOOP!
SAU-
KNIARZ!
HMPF!
-TEURES STÜCK!!
RÖHR
ICH WEISS NICHT, SIR ERICH...
VIELLEICHT SOLLTEN WIR UNS DEN LIEBER FÜR DIE USA-REISE AUFHEBEN...
WIE DU MEINST, ULI.
33

WENIG SPÄTER, EIN WENIG WESTLICH, SO IN DER NÄHE VON ... KORSCHENBROICH !!
DAS SPIEL DEUTSCHLAND GEGEN HOLLAND WIRD IHNEN PRÄSENTIERT VON FITBURGER, DEM PILS FÜR PATRIOTEN !
WAS WILLST DU HIER, GEIST VON FRANZ BECKENBAUER ? SOLLTEST DU NICHT ÜBER DEM NEUEN TEAMCHEF SCHWEBEN ?
ACH, ICH HAB' MICH SO AN DICH GEWÖHNT, BERTI !
SOLL DAS HEISSEN, ICH WERD' DICH NIE LOS ??
KOMMT DRAUF AN, WAS DU MACHST...
KOHLE, KNETE, ÜBER A-HALLES
ICH WOLLT' EIGENTLICH TEAMCHEF IN KUWAIT WERDEN, JA !
AAH, MITTLERER ORIENT, DIE WELT DER DJINNS UND LUFTGEISTER DA KOMM' ICH MIT !!
DAS WAR DER ANPFIFF !
DANN WERD' ICH DOCH LIEBER AUFSICHTSRATSVORSITZENDER BEI GLADBACH !
RÖCHEL !
...SEEDORF AUF KLUIVERT...
SO ! UND JETZT LASS MICH DAS SPIEL SEH'N !!
JEREMIES LOCKER AUSGESPIELT...

NOCH EIN WENIG SPÄTER ...
SAG MAL, WAS SPIELEN DIE DENN DA ?
ICH GLAUB', MAN NENNT ES FUSSBALL...
...DA HAT HEINRICH KEINE CHANCE ...
EIN KLEIN BISSCHEN SPÄTER ALS EBEN...
DAS IST JA ENTSETZLICH !!
MIR FEHLEN DIE ...
...UH, DER LÄSST REHMER ABER ALT AUSSEH'N ...
SCHON ETWAS MEHR SPÄTER ALS VORHER...
SO ETWAS HABEN DIE NICHT MAL BEI MIR FERTIGGEBRACHT !
EINE KATASTROPHE!
DIESES SPIEL IST GLÜCKLICHERWEISE VORBEI...
ABER RHETORISCH HABEN SIE VIEL MEHR DRAUF ALS UNTER DIR, BERTI !
RINGELING
EINES DÜRFEN SIE NICHT ÜBERSEHEN : DIE ANDEREN KÖNNEN AUCH FUSSBALL SPIELEN !
JEVER PI
rum
APOKALYPSE !
WATERLOO !!
DAS WAR ...
...SCHON FAST...
RINGELING !
... NIVEAU NEUMÜNSTER ...
...KREIS - KLASSE B ...
... NEIN: C !

HALLO? HIER VOGTS!
WER IST DA? "RAN"??
OB ICH DAS SPIEL GESE-HEN HABE??
NEIN! ICH WAR MIT MEINER FRAU ESSEN.
WIE IST ES DENN AUS-GEGANGEN?
KNÖFF!
1:1, SOSO! NA, DAS IST DOCH KEIN SCHLECHTES ERGEBNIS!
NEIN, NEIN! DAS IST ALLEIN SACHE DES BUNDESTRAINERS.
JA, WIEDER-SEH'N!
WAS HAST DU DENN DA?
DAS IST EIN "MANTEL DES SCHWEI-GENS"! GAB'S ALS SONDERANGEBOT BEI KLOPPENBURG.
DEN SOLLTEN WIR ÜBER DAS SPIEL LEGEN...
KLICK!
ICH HAB' DA EINE GANZ ANDERE IDEE...

AND NOW IT'S TIME FOR THE UNBELIEVABLE
BAD BERTi !!!...
¿ SCHLUCK ?
37

BIST DU JETZT BAD BERTI ODER BATBERTI?
AUTSCH!
TSCHUKA!
UND ÜBERHAUPT: WAS WILLST DU NOCH ANRICHTEN, WO DU DOCH SCHON GENUG ANGERICHTET HAST?!
ICH GLAUBE, AUFSICHTSRATSVORSITZENDER BEI GLADBACH IST DOCH BESSER FÜR DICH. DER "MANTEL DES SCHWEIGENS" LIEGT SCHON ÜBER DIR...
...ÜBERSCHLAF DIE SACHE LIEBER NOCHMAL!!
PUH!
DU HAST WOHL RECHT...
...VIELLEICHT WERD ICH ERSTMAL ZUM BETT-BERTI...
38

JETZT ABER RAUS AUS DEN FEDERN !!
HEUTE STEHEN GROSSE AUFGABEN AN! LASST UNS DAS GESTERN VERGESSEN...
...UND MUTIG IN DIE ZUKUNFT SEHEN!
UAHH!
IHR MEINT DAS HOLLAND-SPIEL, SIR ERICH?
NAJA, 1:1...
SIND WIR NOCHMAL MIT 'NEM BLAUEN AUGE DAVONGE-KOMMEN!
WAHRLICH, SIR ERICH...
ABER WAS MACHEN WIR JETZT ??
ICH DENKE, ZUERST FRÜHSTÜCKEN WIR MIT DEM BUNDESPRÄSIDENTEN. DANN BRUNCHEN WIR MIT GUNNILA VON BISMARCK. EINEN KLEINEN APERITIF MIT HARALD JUHNKE. DAS MITTAGESSEN NEHMEN WIR MIT THOMAS GOTTSCHALK. DANACH EIN KLEINES MITTAGSPÄUSCHEN – DAS LEBEN ALS PROMINENTER IST EBEN SEHR ANSTRENGEND! ANSCHLIESSEND BRINGT UNS DER HUB-SCHRAUBER ZU EINEM SPIEL VON MÖN-CHEN-GLADBACH. ABENDS LASSEN WIR UNS ZUR "JOHAN-NES B. KERNER-SHOW" EINLADEN.
GLADBACH-SPIEL ALSO!
DA KÖNNEN WIR UNS GLEICH MAL DIE NACHWUCHSSPIE-LER DEISLER UND ENKE ANSCHAUEN!
...UND DIE NEUE VIP-LOUNGE MIT KALTEM BUF-FET FÜR SEHR, SEHR, SEHR PROMI-NENTE.

UND SO, AUF DEM BÖKELBERG...
WEISST DU, KNAPPE ULI, ICH GLAUBE, MIT GLADBACH WIRD DAS DIESE SAISON NIX MEHR ...
WIE KOMMEN SIE DARAUF, SIR ERICH?
MEIN INSTINKT SAGT MIR DAS! SCHLIESSLICH BIN ICH SCHON SEIT VIELEN JAHREN TRAINER.
DA KRIEGT MAN EIN GEFÜHL DAFÜR!
EIN UNTRÜGLICHES GESPÜR!
DU BIST ALSO DET ABSTIEGSGESPENST?
JA, ICH SOLL HIER UMGEHEN. UND DU BIST DIE "ROTE LATERNE"?
FRÜHER WAR'N DIE NIE HIER!
!
JO! IK SOLL HIÄR RUMHÄNGN BISSE SÄSONG ZUENDE IS'!
!

TSCHULDIGUNG, ABER DAS SIND UNSERE PLÄTZE !!
UPS, DASSANDING ! IK HEB JO PLATZ 18 !!
UND ICH BIN AB PLATZ 16...
HALLO BERTI
HALLO RAINER!
HABT IHR SCHON GEHÖRT ? GLADBACH STEIGT AB !!
SO EIN UNSINN, SIR ERICH !
WER IST DIESER TROTTEL, RAINER ?

SEHEN SIE DIESE GESUNDE MISCHUNG AUS JUNG UND ALT, EIN WENIG ANDERSSON, 'NE PRISE POLSTER, IST GENAU DAS, WAS ...
MEINE DAMEN UND HERREN, SOEBEN HAT BAYER LEVERKUSEN DAS 1:0 ERZIELT! TORSCHÜTZE WAR ...
....
!
... AUGENBLICK, ICH HÖRE GERADE ... 2:0! ES STEHT 2:0!! UND GETROFFEN HAT ...
... ÄH – 3:0! NICHT 2:0, SONDERN 3:0 STEHT ES BEREITS. JAJA, SO SCHNELL KANN'S GEH'N! DA DENKT MAN GERADE, ES STEHT 1:0 UND SCHON STEHT'S 3 ... ODER? ODER?? 4:0!! JAAA, 4:0 FÜR BAYER LEVERKUSEN ...
KICHER!
42

NACH QUÄLENDEN 90 MINUTEN ...
TILT!
WIE WAR DAS JETZT, ULI? 9:2 FÜR LEVERKUSEN??
Schluchz
8:2, SIR ERICH!
VIELLEICHT SOLLTEN WIR ERSTMAL GLADBACH RETTEN UND DANN DEN DEUTSCHEN FUSSBALL. ULI, WAS MEINST DU? DIE BRAUCHEN JETZT HELDEN HIER ...
HAST DU DAS GEHÖRT, BERTI?
JA, RAINER ...
DAS MÜSSEN WIR VERHINDERN! DANN SCHON LIEBER 2. LIGA !!!
NUN HEISST ES DIE KRÄFTE GEBALLT!!
JETZT MÜSSEN WIR ALLE ALLES GEBEN! FÜR GLADBACH!! JETZT HEISST'S ÄRMEL HOCHKREMPELN!!
UND WENN ES NÖTIG WIRD ...
... DURCH DEN DRECK KRIECHEN!

DICHT ZUSAMMEN WOLL'N WIR STEHEN IN EINER REIHE FEST GESCHLOSSEN!
ALLE, DIE WIR GLADBACH SO VIEL ZU VERDANKEN HABEN, WOLLEN JETZT ZURÜCKGEBEN, WAS WIR EINST BEKOMMEN HABEN!!
DU ZUM BEISPIEL MACHST DEN TRAINER, RAINER !!
ICH??..
ABER VOR DEM RETTEN SCHAU'N WIR UNS DAS KALTE BUFFET AN, ULI!
NICHT DIE KATZE IM SACK KAUFEN!
KALTES BUFFET GIBT'S NICHT! RÜSSMANN MUSS SPAREN, FÜR'S NEUE STADION!!
BUFFET GIBT'S NICHT?? DANN ÜBERLASSEN WIR GLADBACH LIEBER DEN HIESIGEN HELDEN. MOTIVIERT SIND SIE JA...
KEIN BUFFET, UNGLAUBLICH! VIELLEICHT SOLLTE SICH GLADBACH ALS ERSTES RÜSSMANN SPAREN...
KNURR!

UND, ULI, WO WOLL'N WIR JETZT HIN MIT UNSER'M HUNGER?
VIELLEICHT SOLLTEN WIR NACH WOLFSBURG FAHREN ...
DIE SIND ZUR ZEIT ZIEMLICH ERFOLGREICH!
BÖKELBERG
Saison 98/99
'NE ASPIRIN?
DA KÖNNTEN WIR EVENTUELL AUCH NOCH EINEN "NEW BEETLE" ABSTAUBEN...
"NEW BEETLE"? DAS HÖRT SICH LECKER AN!
IST DAS NICHT ENGLISCH?
UND SO, EINE WOCHE SPÄTER IN VW-CITY: BEIM SPIEL VFL WOLFSBURG GEGEN HERTHA BSC BERLIN ...
...BEATLES... ...BIBO...
AH, HIER: "BEETLE".
KÄFER ???

KÄFER !? FROSCH ??
WIR KÖNNTEN DARIUSZ WOSZ NOMINIEREN !
IST DARIUSZ WOSZ EIN... FROSCH ??
JA! DAS IST DIE BEZEICHNUNG FÜR DIE HERTHA-FANS.
GUCK AN, DA KOMMT JA AUCH DER TRAINER VON WOLFSBURG ...
SCHÖNEN GUTEN TACH, HERR WOLF !
ACH, SAGEN SIE DOCH WOLF-GANG, HERR STIELIKE !
!!
KÄFER...
FROSCH...
WOLF...

KROKODILE, LÖWEN, MÄUSE ... DAS IST NICHT DIE BUNDESLIGA, DAS IST HAGENBECKS TIERPARK...
HEY, ADLERNASE, ICH BIN ECHT!
VfB
VIELLEICHT SOLLTEN WIR FÜR DIE NATIONALMANNSCHAFT AUCH EIN MASKOTTCHEN HABEN, SIR ERICH. ALS SYMPATHIEFIGUR!
DU HAST RECHT, ULI! DIE HIER WÄR GENAU DAS RICHTIGE!!
SO... SO... SYMPATHISCH!!
AUGENBLICK! ...WAS STEHT HIER??
..."ECHT LATEX!" DAS IST JA SCHON MAL HYGIENISCH!!
"UND NUR ECHT MIT DREI KÖRPERÖFF...
DAS IST DOCH BESTIMMT NICHT JUGENDFREI!

ICH DACHTE MEHR AN DIE HIER, SIR ERICH!
OOOH, WIE SÜÜSS, ULI ...
DIE SCHENKEN WIR EGIDIUS BRAUN ZUR WEIHNACHTS-FEIER !!
!
OH, DU FRÖHLICHE-HE ...
VfB

OH, DUU SELIGE-HE ...
... GNADENBRINGENDER D... F... B ...
SAG' MAL, LOTHAR, UNS KANNST DU'S JA SAGEN...
WIE SCHAFFST DU'S, IN DEINEM ALTER NOCH SO MITZUHALTEN?
SO, UND NUN GIBT ES NOCH EINIGE GESCHENKE FÜR VERDIENTE SPIELER ...
LOTHAR, KOMMST DU MAL NACH VORNE ?!
ALLES EISERNER WILLE, MARIO!
EISERNER WILLE, DASS ICH NICHT LACHE !!
SCHAU'N WIR DOCH MAL IN SEINE TASCHE, JETZT, ...
... WO ER GERADE SEINEN "VERDIENST" ABHOLT...
49

EINE EINLADUNG ZUR PRIVATAUDIENZ BEI MÜLLER-WOHLTATS...
...TELEFONLISTE ALLER "BILD"-REDAKTEURE...
EINE "FÜR SIE"... EINE "FÜR SIE"?? NA JA...
...EINE PLATIN-AMERICAN-EXPRESS...
HA!
WUSST ICH'S DOCH!!
KRAM!
WÜHL!
PASS BLOSS AUF, MARIO!
ER DOPT!!
ILJA ROGOFFS KNOBLAUCH-PILLEN!!!
ACH WAS!
DAS GEHEIMNIS SEINES ERFOLGS! DAS PROBIER'N WIR DOCH GLEICH AUS!!
UND JETZT MÖCHTE BITTE MARIO NACH VORNE KOMMEN!
NA JA... VIELLEICHT EINE FÜR SPÄTER...
NIMM DIR AUCH EINE, ANDI...
KLÖTER
HIER MARIO! UND FROHE WEIHNACH...
DANKE, SIR ERICH! DAS HAB' ICH MIR SCHON IMMER GEWÜNSCHT!!
MARIO NEHMEN WIR ABER NICHT MEHR MIT. DER RIECHT!!
FUCHTEL!

EINE ANDERE WEIHNACHTS-FEIER, AN EINEM ANDEREN ORT, ZU EINEM ANDEREN ZEITPUNKT ....
F.C. BAYERN MÜNCHEN E.V.
ÄCHZ!
FROHE WEIHNACHTEN! DAS HABEN WIR GUT GEMACHT!!
KOPIE
PALING!
ACHT PUNKTE VORSPRUNG IN DER MEISTERSCHAFT, IM DFB-POKAL NOCH VOLL DABEI,...
...UND AUCH IN DER CHAMPIONS-LEAGUE MIT ALLEN CHANCEN!!
DAZU EIN ROTATIONSPRINZIP, DAS SIR ERICH NUR SO ROTIEREN LÄSST UND BEI DEM SICH SELIG SEPPL HERBERGER IM GRABE UMDREHEN WÜRDE.
SO WIRD SIR ERICH NIE BAYERN-TRAINER!!
ICH KANN NUR EINES SAGEN:
WIR SIND GENIES!!
51

UND SO BRICHT DAS LETZTE JAHR DES ALTEN JAHR-TAUSENDS ÜBER DEN DEUT-SCHEN FUSSBALL HEREIN...
GENIES SIND DAS SICHER NICHT...
ABER MIR SCHEINT,...
...WIR HABEN EINE SOLIDE MANNSCHAFT FÜR DAS LÄNDER-SPIEL GEGEN NORDIRLAND, SIR ERICH!
GUT, KNAPPE ULI!!
ÄH... AUGENBLICK! NORDIRLAND??
WAR DA NICHT NOCH UNSERE USA-REISE MIT ZWEI LÄNDER-SPIELEN??
USA?? ...USA... ...USA...
ACH JA! DIE USA-REISE... DIE LIEGT DA HINTEN...
52

ICH HAB' DEN MANTEL DES SCHWEIGENS DARÜBERGELEGT ...
ACH! WARUM DAS DENN?
NEIN!! SAG NICHTS...
CORDOBA '78
NEW YORK '94
GIJÓN '82
NMS '99
WEMBLEY '66
ICH WILL SELBER GUCKEN...
NUR ZU!
0:3 GEGEN DIE USA??
3:3 GEGEN KOLUMBIEN???
DAS IST... JA EINE... KATASTROPHE!
GUT, DASS DU DIESEN MANTEL DARÜBER-GELEGT HAST, KNAPPE ULI! HOFFENTLICH HAT DAS NIEMAND MITBEKOMMEN...
!
53

BAYERN IST ERFOLGREICH UND ICH BIN ES NICHT ! SO WERD' ICH NIEMALS BAYERNTRAINER .
WAS SOLL ICH NUR TUN, ULI ?
WIR SOLLTEN VIELLEICHT EIN NEUES SYSTEM SPIELEN .
MEINST DU ?
WIR SOLLTEN VOM 3-5-2-SYSTEM AUF EIN 3-4-3-SYSTEM MIT ZWEI ECHTEN AUSSENSTÜRMERN UMSTEIGEN !
AUGENBLICK ! ICH SCHREIBE MIT...
UND DU MEINST, DAS HILFT ?
LIEGT HAMBURG AM RHEIN ? KLAR HILFT DAS !!
11 AUS 198 -SYSTEM-
54

MOIN JUNGS! WIR HABEN EIN NEUES SYSTEM UND DIE WICHTIGSTE FRAGE IST: WER VON EUCH HAT SCHON MAL AUSSENSTÜRMER GESPIELT?
ILJA Rogoff
DIE ANDEREN KÖNNEN AUCH FUSSBALL SPIE-LEN, DIDI!
ICH WAR MAL HALBLINKER LÄUFER...
IST DAS SOWAS WIE'N AUSPUTZER?
?
AUSSENSTÜRMER KENN' ICH! AUS MEINER JUGEND!!
ALSO LOS!
ÄH ... ICH MUSS MAL ...
ISCH NIX VERSTEH'N!
55

Sir Erich beweist guten Riecher!!!

Überraschend klarer 3:0-Erfolg über Nordirland - Möller auf der Tribüne

Belfast (ms) - Beim 3:0-Sieg der deutschen Fußball-Nationalmannschaft über Angstgegner Nordirland bewies Teamchef Erich Ribbeck einmal mehr einen enormen Sachverstand. Seine überraschende Maßnahme mit zwei Außenstürmern (wie weiland in den Siebzigern) aufzulaufen, brachte die Nordiren um Fassung und den wohlverdienten Lohn ihrer umfangreichen Bemühungen, der deutschen Elf ein Bein zu stellen. Zum Matchwinner avancierte der Bremer Bubi Marco Bode, der mit zwei Toren seine Aufstellung mehr als rechtfertigte: "Als linker Außenstürmer weiß ich jetzt endlich was mit meinen zwei linken Füßen anzufangen." Der seit einiger Zeit unter Ladehemmung leidende Oliver Bierhoff meinte dazu: "Die anderen können auch Fußball spielen."

Selbst beim Spiel ohne Ball erwies sich "Oldie" Lothar Matthäus als einer der besten deutschen Akteure. Foto: Spielesammlung

Einen guten Riecher bewies Sir Erich, indem er Andreas Möller auf die Tribüne schickte und Didi "Spargeltarzan" Hamann aufstellte. Dieser zog nicht nur die Fäden im Mittelfeld, sondern besorgte mit einem fulminanten, wenn auch total abgefälschten Freistoß das 3:0. Auffällig agierte der Rostocker Oliver Neuville, der das 1:0 mustergültig vorbereitete und den Nordiren manchen Übersteiger einschenkte.

...UND DIE ZUSATZ-ZAHL IST 11 !!
27 MÄRZ 1999 SAMSTAG
ALSO IRGENDWAS STIMMT MIT DEINEM SYSTEM NOCH NICHT, ULI...
WARTEN WIR DOCH MITTWOCH AB !!
DU HAST RECHT !!!
LOTTO AM MITTWOCH
JETZT BRAUCHEN WIR NUR NOCH FINNLAND WEGZUHAU'N...
KLICK!
LECKER FISCHBRAT
...DANN HEISST ES: EUROPAMEISTERSCHAFT - WIR KOMMEN !!
HAUT'SE WECH, WECH, KEINER GEHT ALLEIN...
MUSIK.., ICH HÖRE MUSIK?!
57

Europameisterschaft - wir kommen!!!

Solides 2:0 gegen Finnland - Tore von Jeremies und Neuville

Nürnberg (ms) - Ja, das gibt´s ja gar nicht! Die deutsche Nationalmannschaft kann ja richtig Fußball spielen! Wenn auch Oliver Bierhoff einmal mehr betonte, die anderen könnten auch Fußball spielen, so muß man nach dem Elend der letzten Monate eher verblüfft feststellen: Auch wir können´s! Okay, nur eine Halbzeit lang, aber das ist doch schon eine mehr als sonst. Und wie Teamchef Sir Erich richtig s bemerkte: "Verlangen Sie doch bitte nicht zuviel!" Eben! Mit Rücksicht auf ein bevorstehendes Golfturnier im "Club of Millionaires" schonten sich die deutschen Spieler in der zweiten Halbzeit, und wenn das kein Grund ist, dann weiß ich auch nicht! Registrieren wir also: Finnland mit 2:0 geschlagen, der Zug fährt mit Volldampf Richtung EM 2000. Torschützen waren Jens Jeremies mit einer beeindruckenden Einzelleistung ("Ich wußte nicht, wohin mit dem Ball.") und Oliver Neuville ("Ball wußte nischt, wo'in mit isch."), letzterer nach glänzender Vorarbeit von Marco Bode, der sich damit für Neuvilles Maßflanke im Nordirland-Spiel revanchierte. Somit scheint sich das neue System mit diesen zwei Außenstürmern durchzusetzen. Sir Erich zeigte sich jedenfalls zufrieden und sprach von einem nicht unerheblichen Gewinn. "Noch vier Siege, dann müßte das eigentlich reichen." Na dann mal los, Sir Erich!!

Foto: Rick-Rack

Jens Jeremies bei seinem unaufhaltsamen Solo zum 1:0.

WAAAAHHH!!
TOLLE AKUSTIK HABEN DIE HIER IN DORTMUND!
BEI DEM LÄRM, DEN DIE FANS HIER MACHEN, WUNDERT ES MICH NICHT, DASS DORT-MUND SO HEIM-STARK IST!!
ICH DENKE NICHT, DASS DAS DIE FANS SIND, SIR ERICH...
SO? WER DENN?
SIEHT EHER SO AUS, ALS OB OLLI KAHN SEINEN GEGENSPIELER SEHR, SEHR MAG...
?!
OLLI, AB SOFORT: KEIN ROHES FLEISCH MEHR VOR UND IM SPIEL! KEINE HORROR-VIDEOS!! UND KEIN HEAVY METAL!!!
DU BIST DADURCH ZU ÜBERMOTIVIERT!
ACH JA: UND NICHT MEHR "GUTE ZEITEN, SCHLECHTE ZEITEN" SCHAU'N!!
OOOOOH, SCHADE...
ÄTSCH!
59

ACH JA, SCHLECHTE ZEITEN, ULI, SCHLECHTE ZEITEN....
...DIE DFB-EINKAUFS-BONS GEHEN AUS...
...DIE BAYERN STEHEN ALS DEUTSCHER MEI-STER FEST...
C & A
Charme & Anmut
GUTSCHEIN
WAS SOLL DARAN SO SCHLECHT SEIN, SIR ERICH??
WENN BAYERN CHAMPIONS LEAGUE UND DFB-POKAL GEWINNT, DANN HAT OTTMAR HITZFELD ALLES ERREICHT, WAS ER ERREICHEN KANN!
DANN IST DER WEG ZUM BAYERN-TRAINER-SESSEL FREI!!
ULI, DU...
..DU HAST RECHT?!!
WIE SCHÖN!!!
WAS LIEGT DENN DANN NOCH AN?
SPIELERBEOBACHTUNGEN IN FREIBURG UND DUISBURG, CHAMPIONS LEAGUE-FINALE UND ABSTIEGSKAMPF, SIR ERICH.
NA DANN, WOHLAN, KNAPPE ULI!!

MIT DER NUMMER 11: MARCO...
...WEISSHAUPTWILI !!
MIT DER NUMMER 12: RALF...
...KOHLWILI !!
WAS WOLLEN WIR HIER? HIER SPIELEN JA GAR KEINE DEUTSCHEN.
UND UNSER TRAINER: VOLKER...
...FINKEWILI !!!
VERSTEH' ICH AUCH NICHT! IN MEINEN UNTERLAGEN STEHT WAS GANZ ANDERES...
NAJA, WENIGSTENS SOLL DER BREISGAU EINE GANZ VORZÜGLICHE KÜCHE HABEN.
GUT! DIE SAISON IST GELAUFEN!!
WIR MÜSSEN NOCH NACH DUISBURG!
DIE ZEBRAS LEGEN 'NE SENSATIONELLE RÜCKRUNDE HIN!
ZEBRAS ??
ICH HASSE TIERE!
DA KRIEGEN MICH KEINE 10 PFERDE HIN!!

DANN BLEIBT UNS NUR NOCH DAS CHAMPIONS LEAGUE-FINALE BAYERN MÜNCHEN GEGEN MANCHESTER UNITED IN BARCELONA!
AH, BARCELONA! SÜDLICHE, SPANISCHE SONNE!! DAS BEDEUTET...
...KHAKIFARBENE BOXERSHORTS VON GAULTIER,...
...HAWAIIHEMD IN MALVE VON VERSACE UND...
...EIN SCHWARZ-ROT-GOLDENES PEPITAKÄPPCHEN IST IN SPANIEN PFLICHT!!
TOR! TOR!! TOOOR!!!
MARIO BASLER HAT DAS 1:0 GESCHOSSEN, SIR ERICH!!
OH, HAT'S SCHON ANGEFANGEN?! GUT, GUT, DIESER BASLER WÄR JA AUCH EINER FÜR UNS,...
...WENN ER NUR NICHT IMMER SO RIECHEN WÜRDE...
SUPER MARIO
...UND NICHT DIESEN DÄMLICHEN SPONSORENVERTRAG MIT JENER WEISSBIERFIRMA HÄTTE...
CARSTEN JANCKER-FUSSBALLG
62

DIESES TOR VERDANKE ICH ERDINGER WEISSBLÖD! DARAUF EIN ERDINGER WEISSB...
JA, MARIO!!
MACH ET, MARIO!
TSV SCHILKSEE
ZIRKA 84 MINUTEN SPÄTER, 3 MINUTEN VOR DER EWIGKEIT...
OTTMAR, OTTMAR, WIR WERDEN CHAMPIONS LEAGUE-SIEGER...
JA, ULI! DANN HAB' ICH ALLES ERREICHT!! DANN HÖR ICH AUF!!!
JA, OTTMAR...
WAS
ABER... ABER DAS HIESSE DANN JA, DASS...
...SIR ERICH KOMMT!

...JA, MEINE LIEBEN KINDER, SO KAM ES DANN ZU EINER DER SELTSAMSTEN, JA MYSTERIÖSESTEN NIEDERLAGEN DER FUSSBALLGESCHICHTE, UND BAYERN MÜNCHEN VERSPIELTE IN GENAU 138 SEKUNDEN DEN CHAMPIONS LEAGUE-POKAL...
SO, DEN REST MUSST DU JETZT VORLESEN, ULI! ICH KANN SOWAS NICHT, VOM ZETTEL. UND ÜBERHAUPT: WER IST DENN JETZT TORSCHÜTZENKÖNIG GEWORDEN? UND DFB-POKALSIEGER??
ÄH...JA, ALSO DANN: ABGESTIEGEN IST NEBEN GLADBACH UND BOCHUM DANN NOCH FRANKFURT. ODER, ÄH, HANSA ROSTOCK? NEE, DOCH NÜRNBERG. UND TORSCHÜTZENKÖNIG IST GEWORDEN...
DIESE KULISSE PASST AUCH GAR NICHT ZU MEINEM GUCCI-SACCO. UND WO IST HIER EIGENTLICH DAS KALTE BUFFET?
WARUM KAUFEN SICH DIE LEUTE EIGENTLICH KEINE FACHLITERATUR, WENN DIE SOWAS WISSEN WOLLEN? SPORTBILD-SONDERHEFT, ODER SO?? NA JA...
WIR SIND DANN JEDENFALLS NOCH EUROPAMEISTER GEWORDEN.
KNÜLL!!
ODER...ÄH... KOMMT DAS NOCH?
NA, SCHAUN MER MAL!
THE END